Inspiration & Entfaltung

Rainer Lindbichler

Inspiration & Entfaltung

360 Sprichwörter, Weisheiten und Erkenntnisse

Bibliografische Information der Deutschen Nationalbibliothek:
Die Deutsche Nationalbibliothek verzeichnet diese Publikation in
der Deutschen Nationalbibliografie; detaillierte bibliografische
Daten sind im Internet über dnb.dnb.de abrufbar.

© 2022 Rainer Lindbichler
Herstellung und Verlag: BoD - Books on Demand, Norderstedt

ISBN: 978-3-7568-5217-8

Youtube-Kanal des Autors:
https://www.youtube.com/@DerWegderMitte

Widmung

Dieses Buch sei all jenen gewidmet, die auf ihre individuelle Art und Weise dabei mitwirken, Mutter Erde wieder in ein Paradies zu verwandeln.

Einleitung

Irgendwann im Laufe meines Weges und Erwachensprozesses, der circa im Jahre 2011 so richtig begann, fing ich an meine Sprichwörter, Weisheiten und generell meine Erkenntnisse, welche mir zuteil wurden, zu notieren. Jahrelang sammle ich diese Art von Notizen nun bereits, im Wissen, irgendwann etwas damit zu machen. Ebenso half mir das Niederschreiben und das viele Notieren dabei, dies alles für mich zu verarbeiten und wiederum neue Erkenntnisse zu erlangen.

Es hatte sich viel Material angesammelt und je größer der Haufen wurde, umso höher wuchs auch die Hürde, die es irgendwann zu nehmen galt. Dieser Zeitpunkt war gekommen und ich arbeitete etwa 200 Seiten an Notizen durch - handgeschriebene wie auch digitale - wovon ich die aufbauende Essenz in dieses Buch übertrug.

Ich notierte mir über die Jahre auch viele Erkenntnisse über die Vorgehensweisen des Systems und dunkler Machenschaften, doch dieses Buch fokussiert sich ganz klar auf aufbauende Botschaften und Lösungen.

Ich gebe nur weiter, was ich selbst als wahr erkannt habe - Erkenntnisse können sich natürlich ändern und/oder erweitern. Alle Aussagen in diesem Buch wurden sorgfältig ausgewählt, ich habe nur ins Buch übernommen, was sich wirklich richtig anfühlte. So wie mich selbst auch viele Bücher anderer Menschen auf meinem individuellen Weg unterstützten und nachwievor unterstützen, so möchte ich mit diesem Buch auch andere inspirieren - möge es Ihnen, lieber Leser, von Nutzen sein auf Ihrem individuellen Weg.

Ich danke Ihnen von Herzen, dass Sie dieses Buch lesen.

Rainer Lindbichler

1. Der Wert eines Menschen lässt sich nicht berechnen. Seine Existenz ist der Beweis seines unschätzbaren Wertes.

2. Die Schöpfung ist voller Wunder. Du bist eines davon.

3. Es liegt jetzt an jedem seine Fesseln abzulegen und in eine neue Welt zu gehen.

4. Wahre Gewissheit findest du letztendlich nur in dir selbst. In deiner eigenen göttlichen Anbindung.

5. Wir selbst schreiben unser Schicksal. Wir selbst sind die Schöpfer unserer Realität und können jederzeit neue Entscheidungen treffen.

6. Über andere Menschen zu urteilen und sie schlecht zu reden hält in der Dualität gefangen.

7. Dualität sind zwei Extreme, die zu sich im Widerspruch stehen - zwei unvereinbare Gegensätze, während Polarität schlicht die zwei Seiten eines vollkommenen Ganzen darstellen. Dualität ist spaltend, während Polarität vereinend ist.

8. Dankbarkeit ist eine sehr dankbare Haltung.

9. Fühlen ist entscheidend um sich wahres Wissen anzueignen und Schöpfer zu sein.

10. Die Schöpfung ist vollkommen. Und Vollkommenheit kann stets weiter vervollkommnet werden. Dies ist auch der ursprüngliche Grund, warum der Mensch in die Materie ging. Um Gottes Schöpfung weiterzuführen.

11. Der Aufstieg in die fünfte Dimension ist ein Bewusstseinsprozess. Unsere Leiber sind auch dort noch materiell.

12. Unser Universum besteht aus zwölf Dimensionen. Sechs Materielle, drei Feinstoffliche und drei Geistige, wobei die Dimensionen fließend ineinander übergehen. Die 13 steht für das Göttliche, auch wenn man viel Mühe darauf verwendet, uns die 13 madig zu machen.

13. Der Mensch ist ein geistseelisches Wesen in einem physischen Leib. Diese Geistseele ist ewig. Somit ist jeder Bewusstseinsträger unsterblich und auch unser Leib vermag es, viel älter zu werden, als in diesem System behauptet wird.

14. Aus der Vergangenheit lernen, im Hier und Jetzt leben und seine Zukunft selbst gestalten.

15. Der Geist steht über der Materie. Dies ist keine Abwertung der Materie, sondern es ist die korrekte Reihenfolge, da alle Materie aus Geist hervorgegangen ist. Das Feinstoffliche ist das Bindeglied zwischen Geist und Materie.

16. Es ist nichts falsch daran, sich von außen inspirieren zu lassen oder Unterstützung zu suchen, doch die entscheidenden Schritte musst du selbst gehen. Wie Morpheus im ersten Matrix-Film so schön sagt: *"Ich kann dir nur die Tür zeigen, durchgehen musst du selbst."*

17. Unser Herz ist der Wahrheitsträger und wir sollten es bei allem was wir tun miteinbeziehen.

18. Die Sprache des Herzens ist einfach, klar und tief.

19. Die Erde ist als paradiesischer Planet geschaffen worden und dies wird sie wieder sein, wenn sich die Menschen darauf besinnen, was sie wirklich sind und dem wieder gerecht werden - Gottes Kinder und Schöpferwesen.

20. Im Herzen und im Geiste. Da wohnt die verborgene Kraft, welche entfesselt werden möchte.

21. Unser Leib ist ein optimales Gefäß, um unsere Geistseele durch die Materie zu tragen und sie zu erfahren. Erst durch die Einheit von Leib-Seele-Geist ist der Mensch im Stande, auf seinen vollen Gefühlskomplex zuzugreifen und Schöpfer in der Materie zu sein.

22. Es liegt stets an uns, wie sich der Zustand dieser Welt gestaltet.

23. Das Wahrhafte währt ewiglich, während all das Unwahre sich wandelt oder zerbricht. In diesem Prozess befinden wir uns gerade.

24. Ein jeder kann dazu beitragen diese Welt zu einem schöneren Ort zu machen. Jeder auf seine Weise, seinem Wesen und seinen Talenten entsprechend.

25. Die Vollkommenheit der Schöpfung offenbart sich auf allen Ebenen.

26. Die wichtigste Reise ist jene zu sich selbst.

27. Die Liebe ist eine kosmische Energie, ohne welche die Schöpfung in dieser Form nicht existieren könnte. Wahre Liebe ist allumfassend, bedingungslos und unermesslich.

28. Um authentisch zu sein ist es entscheidend, dass unsere Gedanken und Gefühle mit unseren Worten und Taten übereinstimmen.

29. Gönnst du anderen ihr Glück, wird auch deines wachsen.

30. Durch unsere innere Einstellung erschaffen wir unser äußeres Glück.

31. Wahres ist erfühlbar.

32. Der Pfad des Bewusstseins und nicht der Pfad der Technokratie ist der wahre Weg des Menschen. Je mehr wir uns von Technologie abhängig machen, je kontrollierbarer sind wir.

33. Halbwahrheiten sind oftmals verwirrender als reine Lügen. Unser Herz kann uns stets Auskunft geben.

34. Es gehört zu den anfangs schwierigsten aber gleichzeitig erhebendsten Dingen, einfach man selbst zu sein.

35. Gott hat die optimalen Vorraussetzungen für uns geschaffen um seine Schöpfung weiterzuführen.

36. Nichts und niemand kann dir nehmen, was du im Herzen trägst.

37. Statt übers Haben sollten wir uns alle wieder über unser Sein definieren.

38. Ehrlichkeit zu sich selbst und anderen zeugt von wahrer Größe.

39. Das Ego ist nicht schlecht und gehört unbedingt zu einem Leben in der Materie dazu, es sollte jedoch nicht überhöht werden. Lehre dein Ego auf dein Herz zu hören um es zu wahrem Glanze zu bringen.

40. Jeder geht seinen individuellen Weg zur Wahrheit.

41. Wer wirklich Antworten sucht, sollte bei seinen Forschungen über das Materielle hinausgehen.

42. Was du mit Liebe tust, vollziehst du mit Freude und Leichtigkeit.

43. In dieser vollkommenen Schöpfung liegt ein tieferer Sinn in allem und nichts ist jemals verloren.

44. Jeder ist Schöpfer seiner Realität.

45. Jeder Mensch ist ein geborener Telepath.

46. Wegen all der negativen Einflüsse, welchen wir jetzt schon so lange ausgesetzt sind, wurden wir auch sehr widerstandsfähig und stark. So schlimm diese negativen Einflüsse auch sein mögen, so können wir auch hierin das Aufbauende sehen.

47. Sind wir in unserer inneren Mitte, so erheben wir uns aus dem Trubel der Dualität und gelangen in die neutrale, harmonische Polarität.

48. Die Qualität eines Werkes hängt maßgeblich von der Gedanken- und Gefühlswelt des jeweiligen Schöpfers ab.

49. Technologie sollte lediglich ein Hilfsmittel für gewisse Zwecke sein und nicht unser Leben bestimmen.

50. Dass der Mensch klein sei und der Einzelne nichts ausrichten könne gehört zu den größten Irrtümern der Welt.

51. Ein wahrer Heiler zeigt dir, wie du dich selbst heilen kannst.

52. Jeder zeigt durch seine Taten ganz klar, wer er wirklich ist.

53. Während die Lüge stets Energie bedarf um weiterzubestehen, steht die Wahrheit von selbst.

54. Letztendlich findet jeder irgendwann zurück zu Gott.

55. Die Zeit des blinden Glaubens geht zu Ende und das Zeitalter der Wahrheit bricht an.

56. Es gibt eine kosmische Hierarchie, diese kennt jedoch keine Wertigkeiten.

57. Der Mensch, geschaffen nach dem Ebenbild Gottes. Alle Energien, welche Gott in sich vereinte um zu schöpfen hat Gott auch in uns vereint. Diese Energien wieder in Einklang zu bringen ist eine der essenziellen Aufgaben des Menschen in der Materie.

58. Finde zu dir selbst und lebe dich. In all deiner Schönheit, Genialität und Individualität.

59. Botschaften aus dem Herzen kann nur ein anderes Herz voll erfassen.

60. Angst ist der wohl größte Hemmer.

61. Letztendlich ist Angst ein Mangel an Wissen.

62. Erschaffen wir mit unseren Gedanken, Gefühlen, Worten und Taten das Paradies auf Erden erneut.

63. Gefühle wollen gefühlt werden.

64. Der aktuelle technische Fortschritt ist tatsächlich ein Fortschreiten vom Wesentlichen. Wir müssen mit der Natur gehen und den Weg des Bewusstseins beschreiten - darin liegt die wahre Evolution des Menschen.

65. Das System und jene, welche uns versklaven wollen sind unsere derzeitige Lehrstunde. Und wir werden ihre sein indem wir die Liebe leben.

66. Was geschieht nach dem physischen Tod? Die Geistseele verlässt den Leib, ruht sich aus und bereitet die nächste Inkarnation vor, gemäß den Inhalten des Vorlebens und des aktuellen Bewusstseinsstandes. Jenen, welche alle Aufgaben in der Materie erledigt haben und sich von allen falschen Programmen befreit haben, steht es frei wieder zu inkarnieren oder in rein geistigen Welten zu leben.

67. Gott ist voller Liebe für all seine Geschöpfe.

68. Jeder Mensch trägt alle Urenergien der Schöpfung in unterschiedlichen Gewichtungen in sich.

69. Es existieren Myriaden von Menschen im Universum.

70. Wieder heil zu werden ist eine große Wohltat für einen selbst, aber auch für die Welt und andere Menschen. Erst wer selbst in sich eine gesunde Basis geschaffen hat, kann andere wirklich unterstützen.

71. Die drei Ebenen des Seins = Materiell - Feinstofflich - Geistig oder auch Leib - Seele - Geist.

72. Zu sich selbst finden, wieder heil werden, seine Potentiale entfalten, seinem inneren Ausdruck verleihen und schöpfen = Erfüllung.

73. Myriaden von Menschen im Universum und keiner gleicht dem anderen exakt. Jeder darf sich einzigartig fühlen, weil er dies tatsächlich ist. Jeder ist ein Unikat. Dies zeugt von Gottes immenser Größe und Schaffenskraft.

74. Mutter Erde ist ein gigantisches, fühlendes Lebewesen.

75. Du bist Schöpfer und nur du selbst
kannst dir dein Leben verschönern –
unabhängig der äußeren Umstände.
Lebe deine göttliche Anbindung.

76. Durch das immer zahlreichere Erwachen der Menschen erhöht sich auch die Energetik des Planeten, was dazu führt dass sich die Lüge immer schwerer aufrechterhalten kann.

77. Alles kommt nun ans Licht in jenem großen Wandel, in dem sich die Menschheit befindet. In uns dringen all die Altlasten nach oben und wollen gesehen werden, wie auch in der Welt zeigen sich nun immer klarer und offensichtlicher die wahren Zustände und was sich hinter den Kulissen wirklich abspielt. Ein nicht immer einfacher, aber wesentlicher und heilsamer Prozess.

78. Der Mensch in seiner Mitte - geerdet und gleichzeitig verbunden bis in die höchsten geistigen Gefilde.

79. Der immense Aufwand der betrieben wird um den Menschen am Aufwachen zu hindern zeigt im Umkehrschluss, wie mächtig wir eigentlich sind.

80. Es gehört zu den wesentlichen Bestimmungen des Erdenmenschen, diesen Planeten zu hüten und Schöpfer auf ihm zu sein. Hüter und Schöpfer.

81. Immer mehr Menschen erinnern sich, wer sie wirklich sind.

82. Eine Rückbesinnung auf Ursprüngliches, welche alle neuen Erfahrungen und Erkenntnisse miteinbezieht - darin liegt der heile Weg.

83. Der Aufstieg in die fünfte Dimension ist ein individueller Bewusstseinsprozess.

84. Jeder erwachte Mensch ist im Stande über das Feinstoffliche mehrere tausend Menschen zum Erwachen anzustoßen.

85. Kopiere keinen Weisen, sondern lebe dein Wissen und werde selbst zu einem.

86. Nimm nur das an, was du selbst als wahr erkannt hast. Je mehr du deine göttliche Anbindung lebst, je eher kannst du die Wahrheit erkennen.

87. Macht an sich ist überhaupt nichts Verwerfliches, dies wird uns nur suggeriert. Jedem Menschen wohnen enorme Kräfte und Mächte inne und wenn er sein Herz miteinbezieht, wird er diese Mächte nur aufbauend nutzen.

88. Im Feinstofflichen und Geistigen sind wir alle miteinander verbunden.

89. Das gesamte System ist außerirdischer Natur. Kollektive Außerirdische brachten es uns und viele nahmen alles fasziniert an, was sie uns zeigten, da wir nichts anderes als ein Leben im Einklang mit der Natur kannten. So fielen wir langsam aber sicher aus dem Paradies. Der tiefere Sinn dahinter liegt darin dass wir uns selbst gegen unerwünschte außerirdische Einflussnahmen immunisieren, wenn wir es nach unserem Fall aus eigener Kraft wieder zurück ins Paradies schaffen.

90. Kollektive Spezies haben nur ein Ziel: Soviele Menschen als möglich ihrem Kollektiv hinzuzufügen, wobei das Individuum mit Füßen getreten wird. Dies ändert jedoch nichts an der Tatsache, dass die Erde als individueller, wedischer Planet geschaffen wurde und sie nicht völlig zu kollektivieren ist, auch wenn es seit Jahrtausenden noch so sehr versucht wird.

91. Städte, Ausbeutung des Planeten, Dogmen, pyramidale Machtstrukturen, der Mammon, usw. - all dies sind Auswirkungen des außerirdischen Kollektivismus'.

92. Neben den imperialen, dunklen Kollektiven existieren auch lichte Kollektive - das blendende Licht. Das überhöhte Lichte ist etwas raffinierter und schwerer zu durchschauen als das Dunkle, da dort vieles erstmal einladend anmutet. Doch weder im Dunklen, noch im überhöhten Lichten finden wir eine freie, individuelle Entfaltung vor und es existieren auf beiden Seiten pyramidale Machtstrukturen, welchen sich der Mensch unterzuordnen hat. Dies wird dem Individuum nicht gerecht und eine harmonische Welt ohne Machtstrukturen finden wir nur im Wedischen, wenn wir in der Mitte sind. Letztendlich spiegeln diese Kollektive nur die beiden Seiten der Energien wieder, welche wir in uns finden bzw. jener der Luziferenergie. Sind die beiden Seiten, also das Dunkle(die Kraft) und das überhöhte Lichte(der Inhalt) beisammen, so befinden wir uns in der inneren, harmonischen und kräftigen Mitte, welche alles beinhaltet. Diese Energien sind nur gefährlich wenn sie getrennt werden, z.B. in gut und böse. Führen wir sie in uns zusammen, stellen wir den gesunden Urzustand wieder her.

93. Wir finden dunkle Aspekte im überhöhten Lichten und überhöhte Lichte Aspekte im Dunklen.

94. Das Dunkle sagt: *"Gott gibt es nicht."* und ist völlig in der Materie verhaftet, während das überhöhte Lichte die Materie als schlecht bezeichnet und den Geist überhöht.

95. Ein typisches Merkmal der dunklen Imperialen ist Militär oder der Mammon, während z. B. die Kirche, der Lamaismus oder im allgemeinen Gurus, welche untergebene Anhänger um sich scharen wollen typische lichtkollektive Merkmale sind.

96. Viele irdische Erfüllungsgehilfen der kollektiven Außerirdischen sind viel schlimmer als ihre Herren, denn sie verraten letztendlich ihre eigene Spezies.

97. Das gesamte System ist ein gigantischer Apparat, der zum Ziel hat den Menschen zu kollektivieren, also gleichzuschalten. Doch das Individuum der Erde, wie auch die Erde selbst lassen sich nicht vollständig kollektivieren. Wenn auch über die Jahrtausende bereits viel Schaden angerichtet wurde, so kann alles Heilung erfahren.

98. Gehe deinen individuellen Herzensweg und dir werden die Wunder des Menschseins zuteil werden.

99. Wissenschaft und Mystik gehören wieder vereint, so dass eine holistische (ganzheitliche) Forschung entsteht.

100. Ein wahrer Forscher muss das Feinstoffliche und Geistige miteinbeziehen.

101. Lasst uns etwas Neues und auch Altbekanntes schaffen und zwar das Paradies auf Erden.

102. Wer jemandem etwas neidet hindert sich daran, es selbst zu erreichen..

103. Wir gestalten die Ausgangslage unseres nächsten Lebens in diesem Leben. Je heiler und klarer du wirst, desto schöner wird dein jetziges- wie auch dein nächstes Leben.

104. Wahre Selbstliebe hat nichts mit Arroganz zu tun. Selbstliebe ist einer der Grundpfeiler für ein glückliches Leben während Arroganz Selbstsucht ist, mit der Tendenz sich über andere zu stellen.

105. Wer anderen schadet, schadet immer auch sich selbst.

106. Je bewusster und klarer wir werden, umso mehr Handlungsfreiheit ermöglichen wir uns im Kosmos.

107. Ernsthaftigkeit schließt Humor nicht aus.

108. Spiritualität = Die direkte Anbindung an den Geist Gottes.

109. Erfüllung finden wir in uns, in unserer inneren Mitte und im Ausdruck unseres Wesens.

110. Die 144000 ist eine magische Zahl und deren Bedeutung ist folgende: Sind 144000 Erwachte erreicht, so kommt ein Stein des Erwachens ins Rollen der nicht mehr aufzuhalten ist. Durch die Bewusstwerdung der Menschen werden große Änderungen erschaffen. Erst Feinstofflich, bis sie sich dann auch im Außen zeigen. Diese Zahl ist längst überschritten und der Wandel mehr als ersichtlich. Die Materie ist eben träger und alles dauert seine gewisse Zeit.

111. Es gibt nicht wirklich ein "zu spät", da unsere Geistseele ewig ist, von Leben zu Leben wandert und wir in einem neuen Leben immer da weitermachen, wo wir im vorigen aufgehört haben. Wesentliches sollten wir trotzdem nicht ständig aufschieben.

112. Jeder sollte nach seinen eigenen Werten leben ohne sie anderen überzustülpen.

113. Liebe bedeutet nicht zu allem Ja und Amen zu sagen oder sich alles gefallen zu lassen - ganz im Gegenteil. Die Liebe sagt auch ganz klar Nein wenn es nötig ist und verteidigt sich auch. Die Liebe ist stark, wie auch sanftmütig.

114. Wir sollten nicht urteilen, aber sehr wohl werten. Doch nur für uns und nicht in Gut oder Böse, Besser oder Schlechter, sondern schlicht in wesentlich oder unwesentlich. Das Werten dient ganz neutral dazu, sein Leben und alles was einem begegnet für sich einzuschätzen, ohne zu Urteilen oder sich über andere zu stellen.

115. Die eigene Familie, der Partner, seine Freunde und generell Menschen und Situationen im Außen spiegeln uns gerne unbewusst unsere eigenen inneren Themen, welche es anzuschauen und zu bearbeiten gilt.

116. Letztendlich hat alles, was dir im Leben begegnet etwas mit dir selbst zu tun. Auch all die schönen Dinge. Was du ausstrahlst, ziehst du an. Du ziehst das an, was du selbst bist bzw. das was du gerade für deine Entwicklung brauchst. Dies ist das Resonanzgesetz.

117. Das Leben will auch genossen werden.

118. Unsere Themen werden uns im Außen gespiegelt, auf welchem Wege auch immer. Jeder ist Schöpfer seiner Realität, ob er sich darüber bewusst ist oder nicht. Unser Bewusstsein, alles was wir denken, fühlen, sagen und tun hat Auswirkungen auf unser Leben. Der bewusste Schöpfer gewinnt an Macht und gestaltet selbst, während der Unbewusste oftmals anderen die Schuld für seine Misere gibt.

119. Sich seine Fehler einzugestehen ist eine der essenziellen Fähigkeiten wenn es darum geht sich zu entwickeln und heil zu werden. Wir alle sind gefallen und haben Fehler gemacht, doch wir müssen nicht zwangsläufig all unsere früheren Vergehen nocheinmal lange durchleiden. Sich seine Fehler eingestehen, es ehrlich bereuen und es besser machen (neue Ursachen setzen) bereinigt unsere vergangenen Fehler.

120. Aufklärung und sich zu informieren halte ich für wichtig, doch eine gesunde Aufklärung zeigt auch Lösungen auf. Immer nur auf die Probleme hinzuweisen und sich nur darauf zu fokussieren stärkt diese nur. Sich neutral zu informieren ist wesentlich, ebenso wie sich auf die Lösungen zu fokussieren.

121. Am Traum Anastasias mitwirken und eigene aufbauende Visionen kreieren, seine Gedanken mit Gefühlen verstärken und dementsprechend handeln - das ist Schöpferkraft. Wir sind die mental stärkste Spezies in diesem Universum und wir sollten stets die Handlungsebene miteinbeziehen, wenn daraus etwas erfolgen soll. (Erfolg)

122. Handeln, ja das Tun ist wesentlich in der Materie. Und da wir alle Materiemenschen sind bedeutet dies auch, dass wir alle hier etwas zu tun haben. Unsere Seele selbst hat sich dies so ausgesucht.

123. Dualität ist nur in der vierten Dimension möglich.

124. Die Angst der unbewussten Masse ist der primäre Treibstoff dieses Systems. Doch die Menschen erwachen immer zahlreicher und ein bewusster Mensch mit schöpferischen Gedanken wiegt tausende gegenschöpferische Versuche auf. Der lichte Wandel ist nicht mehr aufzuhalten.

125. Ist der Mensch gesund und auf dem rechten Weg ist auch Mutter Erde gesund.

126. Lasse deine Energie in
Aufbauendes und Erstrebenswertes
fließen.

127. Es wird seitens des Systems stets versucht uns von jener Handlungsebene fernzuhalten, welche über vorgegebene Grenzen hinausgeht, weil wir dort sehr stark sind und viel erreichen können.

128. Obwohl wir aus der Bibel viele ursprüngliche Wahrheiten herauslesen können, so kann ihr Inhalt auch leicht fehlgedeutet werden, da sie oftmals umgeschrieben wurde und generell ein bestimmtes, nicht unbedingt immer wahres Bild der Schöpfung erzeugen soll. Diese Schrift muss richtig gedeutet werden und ich würde in der heutigen Zeit eher andere, klarere Schriften empfehlen.

129. Wer sich über andere stellt ist bereits dabei pyramidale Machtstrukturen zu erschaffen, ebenso wie es das System macht.

130. Wir sind alle Individuen und können einander mit unserem jeweiligen Wissen und unseren Einsichten bereichern.

131. Melancholie ist der tiefe Wunsch nach Frieden.

132. Es ist eine Sünde die Fülle Gottes nicht auszuschöpfen und sich selbst kleinzumachen.

133. Viele Veränderungen gehen nicht von heute auf morgen und alles benötigt seine gewisse Zeit in der Materie. Obwohl einiges in der aktuellen Zeitqualität viel schneller gehen kann als vielleicht erwartet, sollten wir mit einer grundsätzlichen Gelassenheit an die Dinge herangehen - wenn auch mal, wie man so schön sagt, Pfeffer dahinter sein darf. :)

134. Sanfter Druck erzeugt Sog.

135. Oftmals ist weniger mehr.

136. Der Retter von außen wird nicht kommen. Obwohl uns so einige Unterstützung zuteil wird, müssen wir uns selbst retten, sonst würden wir wieder in eine neue Abhängigkeit geraten. Wir müssen unsere Lektion lernen und wieder in unsere Kraft kommen.

137. Ein eiserner Wille, Disziplin und Herz kann viel erreichen.

138. Herzdenken, Bauchdenken, Intellekt und Intuition. Die linke, wie auch die rechte Hirnhälfte. Das Gefühl, wahre Worte und die Handlungsebene. All das Aufgezählte sollten wir nutzen und unser Schöpferdasein leben.

139. Lerne von denjenigen, welche dich dabei unterstützen in die eigene Kraft und Verantwortung zu kommen und nimm nur an, was du selbst als wahr erkannt hast. Je mehr ein Mensch seine göttliche Anbindung lebt, je mehr Gewissheit erlangt er in sich.

140. Unser Gewissen ist unser innerer Kompass, der uns auf dem rechten Pfad durchs Leben führt. Ich möchte hier auch anmerken, dass es durchaus soetwas wie ein falsches, schlechtes Gewissen gibt. Tritt dies auf, so sind noch Negativprogrammierungen aktiv, wie etwa der Glaubenssatz: *"Ich bin es nicht wert."*

141. Die Ursachen aller Krankheiten sind Disharmonien. Jedem Ausdruck geht ein Eindruck vorraus, der in diesem, oder auch in einem vorigen Leben fußt. Ebenfalls kann es sein, irgendwelche Themen für einen Ahn zu tragen, der man auch selbst gewesen sein könnte. Egal was sich bei uns selbst auch zeigt, in unserem Unterbewusstsein ist alles gespeichert, aus all unseren Leben. Welche Themen auch immer gesehen werden möchten, aus welchem unserer bisherigen Leben auch immer, unser Unterbewusstsein kann uns mittels Kinesiologie Auskunft geben.

142. Wisse, dass in deinem Unterbewusstsein alles was dich selbst betrifft gespeichert ist und du an alles, was gesehen werden möchte auch herankommst. Du kannst Kinesiologie nutzen um zu testen und/oder dein Unterbewusstsein schlicht befragen und darauf achten, was vor dem inneren Auge erscheint und welche Gefühle auftauchen.

143. Kinesiologie ist eine äußerst mächtige Methode, welche von jedem genutzt werden kann.

144. Völlig man selbst zu sein und etwas zu tun, was man von Herzen liebt ist Lebensfreude pur.

145. Die Reise zu sich selbst, das Erwachen, die Heilwerdung, die Rückbesinnung, die Wiederentdeckung, das Neu-Lernen, der Wandel - es ist ein wahres Abenteuer und ich bin so dankbar, jetzt hier zu sein.

146. Finde und gehe deinen ureigenen Weg.

147. Wer seine Gefühle unterdrückt, beraubt sich selbst einer ganz großen Stärke.

148. Befreie dich indem du über die künstlich gesetzten Grenzen hinausdenkst.

149. Wir können unseren Leib mit natürlichen Mitteln von außen optimal unterstützen, doch um ein Problem zu lösen müssen wir an die meist im Inneren liegende Ursache heran. Dieser innere Klärungsprozess ist das Essenzielle.

150. Physisches Entgiften sollte mit geistigem Entgiften einhergehen.

151. Horte dein Wissen nicht nur, sondern lebe es und lege es jenen dar, welche offen dafür sind.

152. Sich selbst zu ändern ändert alles.

153. Ein Messer kann eine Waffe sein um jemanden zu verletzen oder ein Werkzeug um seine Nahrung zu zerkleinern oder etwas Schönes herzustellen. Es liegt stets an uns, wie wir die Dinge nutzen und wie wir unser Leben gestalten.

154. Wieviele dunkle Wolken auch am Himmel sein mögen, die Sonne scheint immer.

155. Dunkelheit kann Licht nicht vertreiben, Licht aber sehr wohl die Dunkelheit.

156. Gottes Kirche ist die Natur.

157. Sich wieder bewusst mit der Natur zu verbinden ist ein wesentlicher Schritt in der Bewusstwerdung. Sich mit der Natur im Außen verbinden und seine ureigene, innere Natur leben.

158. Im Wedischen entwickeln wir uns zu kosmischen Menschen.

159. Wenn ich Erleuchtung definieren müsste würde ich sagen: *"Erleuchtet ist jener, der seine göttliche Anbindung lebt."*

160. Jeder Mensch hat seine eigene Verbindung zu Gott, diese ist jedoch manchmal noch verschüttet und will freigelegt und gelebt werden.

161. Ein jeder guter Lehrer ist immer auch Schüler.

162. Das wahre göttliche Licht, welches jeder Mensch in sich trägt, wird immer sein.

163. Wirkliche Sicherheit finden wir nur in uns selbst, in dem was wir sind und in unserer göttlichen Anbindung.

164. Werde selbst zu deinem größten Helden.

165. Das Wedische ist lebendig, dynamisch und undogmatisch.

166. Erkenne deine Stärken und stärke deine Schwächen.

167. Jeder von uns ist einzigartig und wir alle sind gleichwertig.

168. Versuche nicht perfekt zu sein, sondern sei authentisch.

169. Wenn bereits das Fundament fehlerbehaftet ist, so ist auch alles was darauf aufbaut fehlerhaft. / Wenn bereits die Grundannahme falsch ist, werden auch alle Schlussfolgerungen welche daraus resultieren, falsch sein.

170. Auch der "härteste" Mann wurde von einer Frau geboren.

171. Die Zeit kann in der Materie nicht dauerhaft am Fließen gehindert werden, sie kann jedoch gedehnt und gestaucht werden und sie besitzt auch eine Qualität, nicht nur eine Quantität.

172. Gott ist die Wahrheit.

173. Zeit ist keine Illusion. Sie ist in der Materie präsent und ein wichtiger Teil davon. Auch im Feinstofflichen spielt sie teilweise noch eine Rolle, das Geistige jedoch ist zeitlos.

174. Es ist keine Schwäche sich seine Fehler einzugestehen. Eine Schwäche wäre es, dies nicht zu tun.

175. Nutze natürliche Symbole - diese sind unverfälschlich.

176. Wer glücklich werden will verändert sich selbst, wer unglücklich sein will versucht andere zu ändern.

177. Sag dir selbst du kannst es nicht und du hast recht. Sag dir selbst du kannst es und du hast ebenfalls recht.

178. Definieren wir uns über das Haben werden wir nie genug haben. Definieren wir uns über das Sein, werden wir gleichzeitig auch immer genug haben.

179. Niemand kann deinen Weg für dich gehen.

180. So wie du es tun würdest kann es sonst keiner. Also folge deinem Herzen und tu es.

181. Die Zukunft ist nicht festgeschrieben, sondern der Lauf der Dinge verändert sich ständig, beeinflusst durch den Menschen.

182. Macht es dir Angst, dann ist es nicht wahr oder noch unvollständig. Es kann dich ebenfalls auf ein eigenes, inneres Thema hinweisen.

183. Diese Welt wird erst dann völlig gesunden, wenn wir gesund sind.

184. Die Natur ist nicht nur unsere Heimat und unsere Lebensgrundlage, sondern auch einer unserer größten Lehrer, Unterstützer sowie Beschützer.

185. Der Löwe erwacht.

186. Das wahre Virus ist die Angst, welches die Menschen vergiftet. Das Schöne ist, dass es letztendlich nichts zu fürchten gibt.

187. Die Wahrheit hat es nicht nötig sich anderen stets aufzudrängen, sie ist einfach.

188. Nicht das Alte bekämpfen, sondern das Neue schaffen.

189. Jeder Fehler beinhaltet eine Lehre.

190. Jesus sagte einmal: *Jeder von euch ist ein Kind Gottes. Ihr alle könnt, was ich kann.*

191. Geld ist ganz neutral ein Tauschmittel, eine Vergeltung für eine Leistung, während der Mammon finanzielle Machtausübung und Ausbeutung bedeutet.

192. Der Geist kann auch ohne Materie existieren. Materie jedoch nicht ohne Geist.

193. Die heutigen Schulen und Universitäten bringen leider, ohne jemanden beleidigen zu wollen, eine große Menge hochgebildeter Unwissender hervor.

194. Die materialistische Wissenschaft ist völlig aufgespalten und schließt das Feinstoffliche und Geistige aus. Deshalb fehlt der Überblick, die Ganzheitlichkeit.

195. Zukunftsvorhersagen sind möglich. Jene, welche dies beherrschen können sehen was die Zukunft bringt, wenn derjenige, dessen Zukunft betrachtet wird so weitermacht wie bisher. Der Mensch kann seine Zukunft jederzeit ändern.

196. Suche das Glück dort, wo es wirklich ist. In dir.

197. Zwischenmenschlichkeit und Selbstlosigkeit? Nein. Stattdessen lieber Mitmenschlichkeit voller Selbst.

198. Allgemein wird ein Zufall als etwas interpretiert, das aus dem Nichts kommt, also eine Wirkung ohne eine Ursache - dies ist jedoch nicht möglich. Ein Zufall ist die Wirkung einer Ursache, welche wir in diesem Moment oftmals nicht sehen oder verstehen können. Es fällt einem zu, was fällig ist. Ursache und Wirkung ist ein kosmisches Gesetz, es wirkt immer und überall. Auch das Resonanzgesetz spielt seine Rolle dabei, weil wir jenes anziehen, was wir sind, bzw. was wir gerade für unsere Entwicklung brauchen.

199. Wissenschaftliche Studien sind oftmals nichts anderes als die aktuellsten Gewänder, in welche sich die Lüge kleidet. Es existieren zwar auch echte Studien aus denen wir manchmal Wesentliches herauslesen können doch sehr viel in der heutigen Wissenschaft wird fabriziert, um den Status Quo aufrechtzuerhalten.

200. Wenn ich die Materie kurz und knapp erklären müsste, würde ich laut meinem derzeitigen Erkenntnisstand sagen: *"Materie besteht aus energetischen Teilchen, welche in ihrer Eigenschwingung soweit heruntertransformiert sind, dass sie fest werden. Alles ist geistigen Ursprungs."*

201. Wer sich auf die Suche nach der Wahrheit macht, wird früher oder später die Spiritualität wiederentdecken.

202. Manche Menschen haben soviel Meinung, dass für wahres Wissen kein Platz mehr ist.

203. Stellst du dich deinen Schwächen und gestehst sie dir ein, erwächst daraus große Stärke.

204. Mit den physischen Augen sehen wir nur einen Teil der Realität.

205. Gönne anderen ihr Glück, aber auch dir selbst.

206. Kurzfristig schmerzt die Wahrheit manchmal, aber langfristig wird sie immer stärkend und befreiend wirken.

207. Der große Schöpfergeist wohnt in jedem Menschen.

208. Halt im Leben finden wir nicht beim Aushalten oder Durchhalten, sondern beim Innehalten. Bleib bei dir und handle dementsprechend.

209. Sei nicht nur Sucher, sondern auch Finder.

210. Das Außen folgt dem Innen.

211. Der Erkenntnis ist es egal, wie und wodurch sie dich erreicht.

212. Der Geist der Wahrheit ist ewiglich.

213. Telepathie ist die wohl vollkommenste Form der Fernkommunikation.

214. Der Mensch ist ein geistseelischer Riese.

215. Es gibt in einer heilen Natur keinerlei Bösartigkeiten. Und ob die Natur völlig heil ist, liegt sehr stark ans uns Menschen.

216. Solange wir unsere inneren Probleme nicht lösen, werden wir auch im Außen immer wieder auf die selben Probleme stoßen.

217. In einer echten Gemeinschaft in welcher die Individualität eines jeden geachtet wird, lebt jeder seine Berufungen und so bereichert man einander.

218. Unterschiedliche Einsichten verschiedener Menschen sind bereichernd.

219. Zu einem Leben in der Materie gehört auch immer das Tun.

220. Die deutsche Sprache ist präzise und eignet sich noch recht gut um ursprüngliche Wahrheiten auszudrücken, obwohl wir auch hier einiges zurechtzurücken haben. Es ist mir sehr wichtig die deutsche Sprache nicht noch weiter zu verwässern und Anglizismen zu vermeiden.

221. Wer sich nur als sein Körper wahrnimmt, nimmt lediglich ein Drittel seiner Existenz wahr und ist leicht zu kontrollieren und zu ängstigen. Doch im Verbund mit Seele und Geist, welche unbestreitbar göttlicher Natur sind, wird auch der Leib wieder als göttlich wahrgenommen.

222. Die Liebe selbst kann nicht weh tun, aber die Gefühle, welche sie in uns auslöst manchmal schon. Doch in meiner Erfahrung nur, wenn wir noch ungelöste Themen in uns tragen, also könnte man auch sagen die Liebe weist uns auf unsere inneren Probleme hin und ermutigt uns, diese zu lösen.

223. Wenn dir jemand sagt dies sei unmöglich, sind das seine Grenzen, nicht deine.

224. Wenn dir emotionaler Schmerz widerfährt, versuche nicht ständig ihn zu verdrängen, sondern fühle ihn. Gefühle wollen gefühlt werden. Frage dich, was dies mit dir zu tun hat, was zeigt sich da, was drückt sich da aus. Hätte es nichts mit dir zu tun, wäre es nicht in dir. Sieh also nicht weg, sondern genau hin. Nimm Kontakt mit deinem Unterbewusstsein auf, fühle, was gefühlt werden will, akzeptiere, was akzeptiert werden will, vergib und verwandle. Nur wenn wir uns mit unseren Problemen beschäftigen, sie anschauen, verstehen und die Ursache erkennen, können wir sie lösen. Ergänzend dazu ist zum Austesten, wie gesagt, die Kinesiologie hervorragend geeignet.

225. Wahre Heilung findet erst in uns statt, ehe sie sich auch materiell zeigt.

226. Intelligenz alleine schützt nicht vor Verblendung, doch das Bewusstsein vermag dies.

227. Es ist von äußerster Wichtigkeit, dass die Menschen wieder lernen friedfertig und auf Augenhöhe miteinander zu kommunizieren, wenn wir wahren Frieden auf der Erde erreichen wollen.

228. Mut zu sich selbst ist jetzt, in Zeiten des Wandels, nötiger denn je.

229. Aus der Verblendung heraus Luzifer sei der Schöpfergott richten sie all dieses Unheil an. Wenn wir das Luziferische neutral und aus der Mitte heraus betrachten ist es eine Energie, welche die Inkarnation und Materialisierung ermöglicht. Also ein essentieller Bestandteil der Schöpfung. Wird die Luziferische Energie jedoch getrennt, durch Überhöhung z. B., so entsteht das, was wir als gut und böse bezeichnen. Diese duale Konstellation existiert so nur in der vierten Dimension, in der fünften Dimension existiert keine Dualität mehr.

230. Das innere Erwachen der Menschen bedingt den äußeren Wandel. Der äußere Wandel wiederum bewirkt, dass viele innerlich Erwachen. Wie innen – so außen.

231. Wir können die offizielle Geschichts - schreibung betrachten oder wir können uns ansehen, was wirklich geschehen ist.

232. Wir sollten jedem zugestehen zu erwachen, sich zu entwickeln und seine Fehler zu bereinigen, egal wo derjenige gerade steht.

233. Die Volksidentität, das Wesen des Volkes, ja die Volksseele muss behütet und bewahrt werden.

234. Finde das rechte Maß für dich.

235. Wohin du auch gehst, wie weit du auch reist, deine Probleme kommen stets mit dir. Du kannst sie nur in dir lösen.

236. Gehe in die Natur und erkenne die Schönheit der Materie.

237. Der Wind des Wandels weht um die ganze Erde.

238. Wir haben uns in diesem System nicht ent-, sondern verwickelt.

239. Die Wahrheit ist nur für den Lügner gefährlich, niemals für den Rechtschaffenen.

240. Die Naturferne im Außen ist ein Spiegel unserer Selbstvergessenheit.

241. Rechtschaffene, wissende und fühlende Menschen werden in Zukunft die Geschicke dieser Welt leiten.

242. Eine Enttäuschung kann schmerzlich sein, doch sie ist etwas Aufbauendes, da es das Ende einer Täuschung ist. Auch hier ist unsere Sprache sehr präzise.

243. Ein Leben, welches auch in der Körperlichkeit stattfindet geht mit so vielem Schönen einher.

244. Liebe ist ein essenzieller Teil eines jeden wahrhaft spirituellen Weges. Ja so essenziell dass man sagen könnte, Liebe ist der Weg.

245. Der Placebo-Effekt zeigt uns letztendlich, dass der Geist über der Materie steht.

246. Jeder sollte wieder die volle Verantwortung für seinen inneren Raum übernehmen.

247. Es vorzuleben beinhaltet wohl das größte Inspirationspotential.

248. Erwachen bedeutet Bewusstwerdung und führt zu Bewusstseinserweiterung.

249. Der wache menschliche Geist ist im Stande mit allem fertig zu werden.

250. Statt erzwungenem positiv-Denken oder gar Negativ-Denkspiralen lieber wahrhaftes, schöpferisches Denken.

251. Jeder trägt die Wahrheit in sich.

252. Falsche Glaubenssätze können oftmals mit neuen Erfahrungen unschädlich gemacht werden. Dies ist nicht der einzige Weg dies zu tun, aber ein sehr schöner.

253. Die zyklischen Klimaveränderungen der Erde sind natürlich. Außerdem kann man den Klimawandel auch anders verstehen, nämlich dass sich das Klima für die Globalisten verändert, da die Menschen erwachen.

254. Weißt du, in deinem Herzen da wohnt ein Löwe, der eine sehr lange Zeit sehr schwach war, weil du ihn nicht beachtet hast. Dir wurde gesagt dieser Löwe sei gefährlich und man müsse ihn einsperren. Du hast dem irgendwann zugestimmt und so wurde er in Ketten gelegt. Dadurch wurdest auch du geschwächt. Nun erwacht dieser Löwe und befreit sich mit deiner Unterstützung von den Ketten. Er erwacht, weil du erwachst, da er ein Teil von dir ist. Ist dieser Löwe wieder ganz bei sich und von seinen Ketten befreit, dann ist er so voller Kraft und Edelmut, dass nichts und niemand es je wieder vermag, ihn in Ketten zu legen.

255. Das Ergebnis von Aufklärung darf niemals Angst sein.

256. Seine Spiritualität zu leben ist nichts Absonderliches. Letztendlich ist es etwas Absonderliches für den Menschen, seine Spiritualiät nicht zu leben.

257. Da Liebe allumfassend und bedingungslos ist, durchdringt sie die gesamte lebendige Schöpfung.

258. Nicht Endzeit, sondern Wendzeit.

259. Ignoranz und Arroganz liegen nah beieinander.

260. Das Universum lässt es dich wissen wenn du am rechten Weg bist.

261. Das Sein des Materiemenschen durchdringt alle Dimensionen.

262. Die Wenigen haben sich Strukturen erschaffen, in welchen sie über die Vielen herrschen. Begreifen dies die Vielen jedoch, so ist es für die Wenigen schnell vorbei mit herrschen.

263. Es ist nun an der Zeit den Weg seines Herzens zu gehen. Dieser Weg wird letztendlich immer von Erfolg gekrönt sein.

264. Lasst uns Mutter Erde wieder in einen blühenden Garten verwandeln, dessen Schönheit weit in den Kosmos hinausstrahlt.

265. Alle wahrhaft lichten Kosmosbewohner begegnen sich auf Augenhöhe.

266. Die fünfte Dimension ist nicht wirklich ein neuer physischer Ort, sondern ein erweiterter Bewusstseinszustand.

267. Wir stammen alle aus der selben Quelle, sind geistig miteinander verbunden und gleichzeitig sind wir auch Individuen, welche voneinander getrennt sind um eigenständige und einzigartige Wesen zu sein.

268. Was da draußen zurzeit geschieht ist letztendlich ein Lernprozess für die Menschen um sie vom Haben ins Sein zu führen.

269. Derjenige, der die Lehrbücher schreibt, bestimmt was die Öffentlichkeit als wahr anzunehmen hat.

270. Die lebendige Schöpfung ist dynamisch, in Bewegung, es fließt - so wie das Wasser im Fluss oder das Blut in unseren Adern.

271. Die Wiederkunft Christi bedeutet, dass sich der Christusgeist über viele Menschen ergießen wird.

272. Da wir alle in der Materie leben, haben wir auch alle unsere Aufgaben hier. Als Materiemensch ist es keine gute Idee die Materie als schlecht zu bezeichnen - ebenso wenig sollten wir den Geist überhöhen, sondern alle Ebenen des Seins als gleichwertig erachten.

273. Genuss ist Inspiration.

274. Die Macht über die Spiritualität der Menschen zu erlangen – dies ist das wahre Ziel des Systems.

275. Luft bewegt uns, Feuer verwandelt uns, Wasser formt uns, Erde heilt uns.

276. Leider ist es in der modernen Esoterik gängige Praxis alle Blockaden zu lösen. Dies kann äußerst gefährlich sein, denn manche Blockaden existieren zu unserem Schutz. Es sollten nur jene Blockaden gelöst werden, welche uns an der Selbstermächtigung und Bewusstseinserweiterung hindern. Uns schützenden Blockaden sollten unbedingt erhalten bleiben.

277. Als Materiemensch ist die physische Realität unser Grundsatz, den es zu erforschen und auszuschöpfen gilt.

278. Materiemensch = Geistseelisches Wesen in einem physischen Leib.(Schöpferwesen)

279. Wahrhaftigkeit ist universell einheitlich.

280. Am Ende wird alles gut. Ist es noch nicht gut, dann ist es noch nicht das Ende. Und dieses Ende ist gleichzeitig der Anfang in einer höheren Ebene.

281. Mutter Erde ist ein Lebewesen und ein enormes Bewusstsein. Sie unterstützt und schützt die ihren.

282. Im Universum geht es grundsätzlich um das Seelenheil.

283. Sähe mit Liebe und deine Ernte wird reich sein.

284. Jeder Mensch ist ein gesamtes Universum.

285. Es ist an der Zeit sich unserer geistigen Kräfte wieder bewusst zu werden und durch innere Wandlung den äußeren Wandel zu vollziehen.

286. Jeder wirkt mit an der Gestaltung der Welt.

287. Der Mensch liebt die Natur. Die Natur liebt den Mensch.

288. Die Vergangenheit ist da um daraus zu lernen und nicht, um darin zu leben.

289. In wahrer Handwerkskunst ist der Seeleninhalt des Künstlers spürbar.

290. Alles in dieser Schöpfung ist im Fluss des Lebens, auch die Kosmischen Gesetze. Diese sind stimmig und gelten für jeden, aber auch sie sind nicht völlig starr.

291. Jeder Mensch ist von Natur aus enorm mächtig und wer sich diese Macht wieder erarbeitet, der sollte sie aufbauend, schützend und bewahrend einsetzen.

292. Je heftiger sie die Zügel anziehen, je mehr Menschen werden erwachen. Je mehr Menschen erwachen, je mehr Menschen erwachen. Dieser Prozess ist meiner Ansicht nach nicht mehr aufzuhalten.

293. Das Leben ist ein natürliches Geben und Nehmen.

294. Fühlen ist essenziell.

295. Jeder weiß selbst am Besten, was gut für ihn ist.

296. Die Seele ist die Brücke vom Geist in die Materie und zurück.

297. Ein wahrer Lehrer ist nur wer bestrebt ist seine Schüler in ihre Kraft und die Eigenverantwortung zu bringen.

298. Manchmal fragt dich das Universum: *"Meinst du es Ernst mit dem Frieden?"*

299. Auf der Handlungs- und Gefühlsebene sind wir enorm stark.

300. Um die sichtbare Welt zu verstehen, müssen wir die Unsichtbare erforschen.

301. Du hast zwei Möglichkeiten: Entweder du gibst anderen die Schuld für deine Lage und schwächst dich dadurch oder du übernimmst die Verantwortung und holst dir deine Kraft zurück.

302. Mauern können Hindernisse sein oder uns Schutz bieten.

303. Wer Macht hat, der macht.

304. Steh zu dir und sprich deine
Wahrheit.

305. In unserer inneren Mitte können alle Widersprüche widerlegt oder in Einklang gebracht werden.

306. All die Bakterien und Mikroorganismen, welche wir auf und in unseren Leibern finden sind Symbionten.

307. Mann und Frau sind Wasser und Feuer, Erde und Luft die Elemente in denen sie agieren. Das fünfte Element ist die Liebe.

308. Trage deine innere Wahrheit nach außen und erhelle damit deine gesamte Umgebung.

309. Heilst du dich selbst so heilst du auch deine Ahnenreihe und gibst keine zu bearbeitenden Themen mehr an die nächste Generation weiter.

310. Das Elektron ist der geistige Teil des Atoms und darin sind alle Urinformationen gespeichert.

311. Alle Zivilisationen welche das Wissen oder den Glauben an Gott verloren und sich zu weit von der Schöpfung entfernten sind untergegangen.

312. Schwingung ist die Sprache des Universums.

313. Unser Bewusstsein ist im Stande über die künstlich gesetzte, feinstoffliche Matrix hinauszuwachsen und so in die göttliche Wahrheit einzutauchen.

314. Wissen bedeutet seinen eigenen Zugang zur Quelle zu leben. Glauben bedeutet für wahr zu halten was andere dir vermitteln, ohne es selbst zu prüfen.

315. Wer will findet Wege. Wer nicht will findet Gründe.

316. Wir müssen die Dinge selbst tun, aber nicht alleine.

317. Unser Gegenüber ist nicht dazu da unseren Mangel zu füllen, sondern um uns diesen zu zeigen, so dass wir ihn selbst füllen können. Kommen zwei selbsterfüllte Menschen zusammen, so feiern diese gemeinsam das Leben.

318. Alles was nicht auf Wahrheit beruht wird auf lange Sicht verschwinden.

319. Prinzipielles Denken-Bewusstes Handeln.

320. Wer sich wahres Wissen aneignen will, muss auch fühlen.

321. Du bist nicht nur der Tropfen, sondern der gesamte Ozean.

322. Zu leichtgläubig zu sein kann ebenso fatal sein wie zu kritisch zu sein. Wie so oft ist die goldene Mitte der rechte Weg.

323. Kläre Altlasten und schaffe Raum für Neues.

324. Erkennen, Fühlen, Verwandeln und den Mangel selbst füllen.

325. Ehrlichkeit zu sich selbst ist die Grundlage für wahre Heilung.

326. Der Torus ist eine göttliche Grundstruktur, welche wir überall im Universum vorfinden. Ein vollkommenes System aus Wirbeln und Energiefluss an sich und gleichzeitig nach oben offen, denn alles im Universum ist dynamisch und lebendig.

327. Wer nicht mit sich reden lässt, mit dem sollte man auch nicht reden.

328. Leider ist der Glaubenssatz: *"Es ist zu gut um wahr zu sein"* weit verbreitet. Schluss damit. Ich sage: *"Es ist zu gut um nicht wahr zu sein"* oder: *"Es ist so gut, es muss wahr sein."*

329. Anastasia sagt, dass sich Frauen keinen Männern mehr hingeben sollten, welche eine zerstörerische Geisteshaltung aufweisen - dann werden wir bald Frieden haben auf Erden.

330. Versuche das Leben ganzheitlich zu betrachten - so kannst du dir einen Überblick verschaffen, der dir große Klarheit bringen wird.

331. Jeder Mann schwingt körperlich männlich, so wie eine jede Frau körperlich weiblich schwingt - doch geistseelisch ist ein jeder Mensch zur Androgynität fähig. Jeder Mensch trägt - unabhängig des körperlichen Geschlechts - männliche und weibliche Energien in sich und sollte auch beide nutzen - so wie auch jeder Mensch beide Hirnhälften nutzen sollte. Eine Batterie funktioniert auch nur, wenn beide Pole zusammenspielen.

332. Das Fürchterliche ist vor den Furchtlosen machtlos.

333. Reinkarnation ist Fakt. In unserem Unterbewusstsein sind all unsere Leben gespeichert. Umso mehr deiner Themen du in diesem Leben löst, umso schöner wird dein jetziges Leben, sowie dein nächstes Leben von Anfang an.

334. Die technokratische Welt hat noch nie etwas hervorgebracht, was nicht in viel vollkommenerer Form in der natürlichen Welt existiert.

335. Wer die Macht des lichten Geistes zum Kampf für sich nutzt, ist besser gerüstet als mit Raketen.

336. Mögest du im Lichte der Erkenntnis durchs Leben gehen.

337. Die Erde ist groß, aber höchst empfindsam.

338. Wahre Macht hat nichts mit Geld oder einer angesehenen Stellung im System zu tun, sondern mit einer hohen und lichten Energetik. Diese hohe und lichte Energetik wohnt jedem Menschen inne, sie will lediglich freigelegt und gelebt werden.

339. Ursprüngliches ist
unauslöschlich.

340. Jeder Mensch ist ein vollkommenes Ganzes und trägt alle Energien, welche Gott in sich vereinte um zu schöpfen, ebenfalls in sich.

341. Schöpfungsliebe - Die Liebe zu sich selbst als Schöpfer, die Liebe zur Schöpfung und die Liebe zum großen Schöpfer.

342. Unsere Gedanken entsprechen einem wirbelnden Elektronenfluss. Je schöpferischer die Gedanken sind, je schneller wirbeln sie.

343. Alles was Mutter Erde an der Oberfläche freiwillig gibt, dürfen wir auch nutzen. Nehmen wir nur, was wir wirklich brauchen, gehen wir nachhaltig mit ihr um, schützen und wertschätzen wir sie, wird immer mehr als genug für alle da sein.

344. Jeder trägt die Wahrheit in seinem Herzen. Trage sie auch auf der Zunge.

345. Die Materie ist weder schlecht, noch das Einzige das existiert. Sie ist ein wunderschöner Teil des vollkommenen Ganzen.

346. Nur wer sich seine Fehler eingesteht kann an ihnen wachsen.

347. Der Anblick der Sterne am klaren Nachthimmel zeigt uns die Großartigkeit der Schöpfung.

348. Eine positive Lebenseinstellung und ehrliche Lebensfreude sind ein enorm guter Schutz gegen Negativbeeinflussung.

349. Mit einem vertrauten Menschen über einen Konflikt zu sprechen kann diesen bereits sehr stark abschwächen - es heißt nicht umsonst man möchte sich etwas von der Seele reden. Der Volksmund kennt noch viele ursprüngliche Wahrheiten wie etwa: *Wie man in den Wald hineinruft, so schallt es heraus.* Dies ist das Resonanzgesetz.

350. Jeder Mensch ist genial wenn er sich wieder auf den lichten Pfad der Selbsterkenntnis begibt.

351. Unser Schöpfer hat auch uns zu Schöpfern gemacht.

352. Das ewige Licht der Wahrheit scheint in unseren Herzen.

353. Jeder sollte sein Leben dem eigenen Rhythmus anpassen.

354. Jeder der sich das Paradies auf Erden von Herzen wünscht, ist hier um mitzuwirken, es zu erschaffen.

355. Der Verstand ist wichtig und wertvoll in der Materie, doch er alleine kann das Leben nicht ganzheitlich verstehen. Deshalb ist es wichtig sein Denken wahrhaft zu befreien, lernen über vorgegebene Bahnen hinauszudenken, alle Arten des Denkens zu nutzen und das Herz und das Gefühl immer miteinzubeziehen.

356. Das Leben kann so schön und einfach sein. Sieht man sich jedoch all die vielen, einzelnen Vorgänge im Detail an, so kann man sich durchaus in deren Komplexität verrennen. Doch wer einen Überblick hat wird erkennen, das im Grunde alles ganz einfach ist und auch, warum viele Vorgänge geschehen, ohne jedes Detail darüber zu wissen. In dieser Einfachheit liegt die Genialität.

357. Intellekt ohne Herz erkaltet.

358. Wahrhaftes bringt Wahrhaftes hervor.

359. Die wahre Magie finden wir in unserer inneren Mitte.

360. Erst in der Spiritualität finden
wir wirkliche Antworten auf die
Fragen des Lebens.

Zum Ende des Buches möchte ich Ihnen noch zwei Aussagen mit auf den Weg geben.

"Wenn der Wind des Wandels weht, bauen die einen Schutzmauern, die anderen bauen Windmühlen." -Chinesische Weisheit

"Vergib. Denn wenn du vergibst, dann liebst du. Und wenn du liebst, dann scheint das Licht Gottes auf dich." -Aus dem Film: "Into the Wild"

Ich bedanke mich bei Ihnen recht herzlich für Ihr Interesse an diesem Buch. Mögen Sie all dies erreichen, was sie sich für dieses Leben vorgenommen haben und vielleicht sogar weit darüber hinauswachsen. Dies liegt natürlich an Ihnen selbst und dies ist auch die frohe Botschaft - wir können alles in unserem Leben beeinflussen, da wir enorm mächtig sind und wirken. Jeder ist letztendlich im Stande sich ein glückliches Leben zu erschaffen. Je klarer und heiler wir in uns werden, je schöner wird auch unser Außen sein welches wir erschaffen und erleben und dies wünsche ich Ihnen. Der lichte Wandel geschieht, die Frage ist nur: *Gehen Sie mit?*

Herzlichst
Rainer Lindbichler

Notizen

Notizen

Notizen